40 Jahre LyrikKreis Stuttgart

Wolfgang Brenneisen
hat Bücher geschrieben und Ausstellungen gemacht.
Weitere Informationen unter:
https://de.wikipedia.org/wiki/Wolfgang_Brenneisen

Wolfgang Brenneisen

40 Jahre
LyrikKreis Stuttgart

Acht Haiku

edition poethen's poeten

© 2024 Wolfgang Brenneisen
Verlag: BoD • Books on Demand, GmbH,
In de Tarpen 42, 22848 Norderstedt
Druck: Libri Plureos GmbH,
Friedensallee 273, 22763 Hamburg
ISBN: 978-3-7597-8339-4

40 Jahre

„Alles begann im Spätsommer 1984. Da leitete Johannes Poethen, Lyriker und Vorsitzender des Vereins Stuttgarter Schriftstellerhaus, in dieser noch neuen Begegnungsstätte für Autorinnen und Autoren das 1. Lyrikseminar der Bertelsmannstiftung im ‚Häusle‘, wie wir das kleine Fachwerkhaus seit der Eröffnung liebevoll nennen.“ Das schreibt Widmar Puhl in „Tatort Schriftstellerhaus Stuttgart – Poesie und Porträts“ und erzählt dann von dem Leben, Treiben und Dichten einer Gruppe von Lyrikerinnen und Lyriker, die sich viele Jahre, auch nach dem Tod von Johannes Poethen, regelmäßig getroffen haben, „um am Text zu arbeiten“. Der Band erschien im Jahre 2021. Inzwischen sind ein paar Jahre ins Land gegangen, und wir befinden uns im Jahr 2024. Das bedeutet: Seit dem Beginn der fruchtbaren Zusammenarbeit sind vier Jahrzehnte verstrichen. Also, man soll die Feste feiern, wie sie fallen, heißt es, und erst recht ein solches Jubiläum! Natürlich feiern Lyriker, das ist ihre Verpflichtung und ihr ureigenes Bedürfnis, mit Gedichten. Da der Gründervater Johannes Poethen in einer heit'ren Regung auch Haiku geschrieben und solche sogar einmal selbst vorgetragen hat (wenn ich mich recht erinnere, ging es dabei um den Poethenschen Garten und die Poesie der Blumen dortselbst) und sein diesbezüglicher Meisterschüler Manfred Bartsch zu einem virtuosen Haiku-Dichter geworden ist, liegt es nahe, das festliche Ereignis mit brandneuen

Haiku zu würdigen. Hier sind sie, begleitet von individuellen lyrischen Duftmarken und den biographischen Notizen aus dem Puhlschen Band. Vielleicht verspürt der eine oder andere Leser den Wunsch, die Originale in voller Länge kennen zu lernen.

Johannes Poethen

ach erde du alte
mit den tränensäcken

Manfred Bartsch

schließe das Fenster
bereite Dich vor

Sibylle von Bremen

Die große Platane
atmet noch lange
die Nacht aus

Wolfgang Brenneisen

Ich Hammer!
Du Amboss.
Wo dein Gedicht?

Carmen Kotarski

Stille, oder Lärm
die Landschaft: gelbe Fläche
gegen den Himmel

Widmar Puhl

Die Wanderbaustelle
taucht gern
aus dem Nichts auf

Irma Rommel

an einem tag wie heute
höre ich das meer wieder

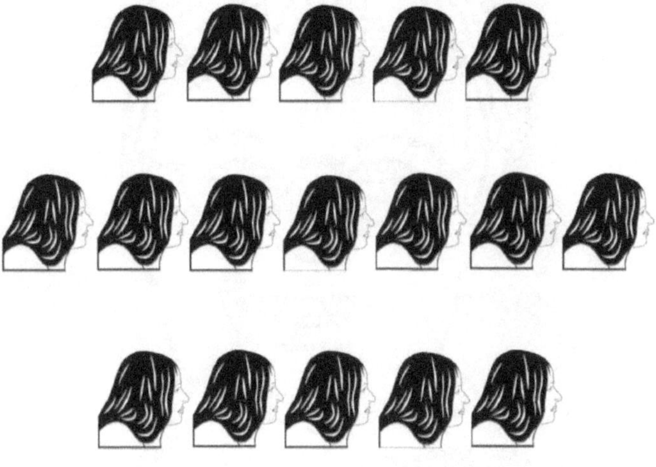

Eva Zeller

von den schwalben
ein bisschen
ihre schnelle schrift
am himmel

Gruppenbild mit Damen

Kurzbiographien

Johannes Poethen (1928 - 2001)
Gründer der Gruppe. Geboren in Wickrath (Niederrhein).
Aufgewachsen in Köln, studierte Germanistik in Tübingen,
lebte in Stuttgart. Er war Leiter der Literaturredaktion im
SDR-Hörfunk und publizierte seit 1952 regelmäßig Lyrik.
Der Band "ach erde du alte" erschien 1981 bei Klett-
Cotta. https://de.wikipedia.org/wiki/Johannes_Poethen

Manfred Bartsch
wurde 1952 in Schorndorf geboren und lebt in Stuttgart.
Veröffentlichungen in Anthologien und gemeinsamen
Gedichtbänden als Mitglied der Gruppe WortRose.

Sybille von Bremen
Geboren 1956 in Bad Homburg. Studium der Theologie,
Germanistik und Psychologie. Lebt und arbeitet als
Psychotherapeutin in Tübingen. Veröffentlichungen in
Zeitschriften und Anthologien.

Wolfgang Brenneisen
Geboren 1941 in Tilsit, aufgewachsen in Oberschwaben,
viele Jahre in der Region Stuttgart, jetzt an der Ostsee.
Lyrik, Prosa, Hörspiele, Ausstellungen.
https://de.wikipedia.org/wiki/Wolfgang_Brenneisen

Carmen Kotarski
Geboren 1949 in Mannheim, lebt in Stuttgart. Schreibt
Lyrik und Prosaformen. Mehrere Buchveröffentlichungen,
u.a. „Spanisches ABC" und "Ich war eine insgeheime
Person". 1988 Thaddäus-Troll-Preis, 2010 zweiter Preis
beim Irseer Pegasus.
https://de.wikipedia.org/wiki/Carmen_Kotarski

Widmar Puhl
Geboren 1951 in Zell / Mosel. Studierte Literatur und
Philosophie in Köln, lebt in Stuttgart. Hörfunkarbeiten,
Essays, Gedichte (zuletzt „Suleikas rebellische Kinder",
2019). https://de.wikipedia.org/wiki/Widmar_Puhl

Irma Rommel
1955 geboren, lebt in Schorndorf. Studium in Tübingen,
Stuttgart und Esslingen. Grafik, Malerei und Lyrik.
Lyrikgruppe um Johannes Poethen, Veröffentlichungen in
Zeitungen und Anthologien.

Eva Zeller
1960 in Tübingen geboren. Lyrik, Theater, Prosa. Erhielt
u.a. 1989 den Thaddäus-Troll-Preis. Im Verlag Klöpfer &
Meyer erschienen fünf Gedichtbände, zuletzt „Proviant
von einer unbewohnten Insel" 2020 (Klöpfer, Narr).
www.eva-christina-zeller.de

edition poethen's poeten

Widmar Puhl
Tatort Schriftstellerhaus Stuttgart
Poesie und Porträts
Books on Demand, Norderstedt
ISBN 9783755761211

edition imme

Peter Salomon / Wolfgang Brenneisen
Nonsenf
Books on Demand, Norderstedt
ISBN 9783756207015

Wolfgang Brenneisen
Ein Lyriker packt aus.
Ansichten, Einsichten, Bekenntnisse
Books on Demand, Norderstedt
ISBN 9783759777669

Wolfgang Brenneisen
Deutschland. Ein Dichtermärchen
Books on Demand, Norderstedt
ISBN 9783759785398

Wolfgang Brenneisen
Das geheime Leben der Dichter
Books on Demand, Norderstedt
ISBN 9783837024159

POETRY
EXIT